조직문화의 힘

컬쳐 캔버스
Work Book

Contents

*	프롤로그	3

Part 1

01	컬쳐캔버스 안내	6
02	컬쳐캔버스 양식	8
03	컬쳐캔버스 사례	10

- 사례 1 : 컨설팅회사
- 사례 2 : 유통회사
- 사례 3 : 제조회사

Part 2

01	**Mission**	18
02	**Vision**	19
03	**Product & Service**	20
04	**People Code**	21
05	**Team Spirit**	22
06	**Systom**	23
07	**Work Way**	24
08	**Infra Deck**	25
09	**Priority**	26

*	에필로그	28

프롤로그

현장에서 경영자를 만날 때면 "조직문화가 정리되어 있으세요?"라고 종종 묻는다. 그럴 때면 경영자는 "조직문화를 정리하나요?"라는 답변을 주실 때가 있고 또 어느 경영자는 "회사 내부 콘텐츠를 정리할 시간이 없어서.."라는 답변을 주시곤 한다. 이런 반응들은 대게 경영자가 가치경영에 대한 인식과 공감이 부족하시거나 중요도 측면은 깊이 공감하나 지금 당장 긴급하지 않아서 뒤로 미뤄지는 경우들이 대다수이다.

언더백 기업의 많은 현장을 보면 핵심가치, 일하는 방식, 다양한 문화들의 콘텐츠들이 내부적으로 존재하지만 이것들이 정리되어 있지 않아 사람을 채용하거나, 교육을 하거나, 고객에게 우리를 소개할 때마다 콘텐츠들을 다시 찾고 정리하는 작업들을 하게 된다. 언더백 기업이 마음을 먹고 이런 콘텐츠들을 정리한다고 해도 '요즘 많이 바쁩니다..'라는 외부요인이 작용하긴 하지만 그 말도 사실이기도 하다. 그럼에도 불구하고 우리의 철학과 가치 그리고 문화적 요소들이 정리되어 기록물로 존재하는 것은 매우 중요하다. 이것이 기업의 존재 목적에서부터 사람을 채용하고 양성하여 지식으로 일하는 기업이 되어가는 중요한 결과물이기 때문이다.

기업 현장의 목소리를 토대로 가인지컨설팅그룹은 각 기업의 다양한 내부 콘텐츠를 빠르게 정리하고 한눈에 볼 수 있도록 '컬쳐캔버스' 적용 양식을 개발했다. 컬쳐캔버스가 많은 언더백 기업의 조직문화를 정리하고 이끌어가는 유용한 도구가 될 것이다. 이제는 컬쳐캔버스를 활용해 우리 기업의 중요한 콘텐츠들을 정리하고 구성원 모두와 내재화해가기를 바란다.

Part 1

조직문화의 힘
Culture Canvas
Work Book

언제나 순서는 가인지입니다.
먼저 조직의 가치와 문화를 세우고
그 다음이 인재를 준비하고
그리고 지식으로 성과를 내는 것입니다.

김경민 가인지컨설팅그룹 대표

컬쳐캔버스 안내

- 컬쳐캔버스는 조직문화를 돌아보고 정리하는 가치경영 방법론입니다.
- 컬쳐캔버스는 9단계로 구성되어 있습니다.
- 비교적 짧은 시간에 우리 조직의 콘텐츠들을 정리할 수 있습니다.
- 1~3번은 **가치경영 파트**로 핵심 가치들을 정리하는 단계입니다.
- 4~6번은 **인재경영 파트**로 사람에 대한 이야기를 정리하는 단계입니다.
- 7~9번은 **지식경영 파트**로 일하는 방식과 시스템을 정리하는 단계입니다.

1. Mission

Mission은 조직이 존재하는 목적입니다.
우리 조직이 존재해야 하는 이유를
한 문장으로 작성해보시기 바랍니다.

7. Work Way

Work Way는 우리의 일하는 방식입니다.
우리의 시스템, 사내 언어, 핵심 지식들이
포함됩니다.

8. Infra Deck

Infra Deck은 사내 업무를 진행할 때
필요한 툴이나 협력사, 파트너, 지원시스템 등을
의미합니다.

9. Priority

우리 조직의 다양성과 우선순위 정책을
의미합니다. 법정 준수 사항과 안전
그리고 인증, 평가, 수상 등의
대외적 정책들이 포함됩니다.

Part 1-1
Guide to Culture Canvas

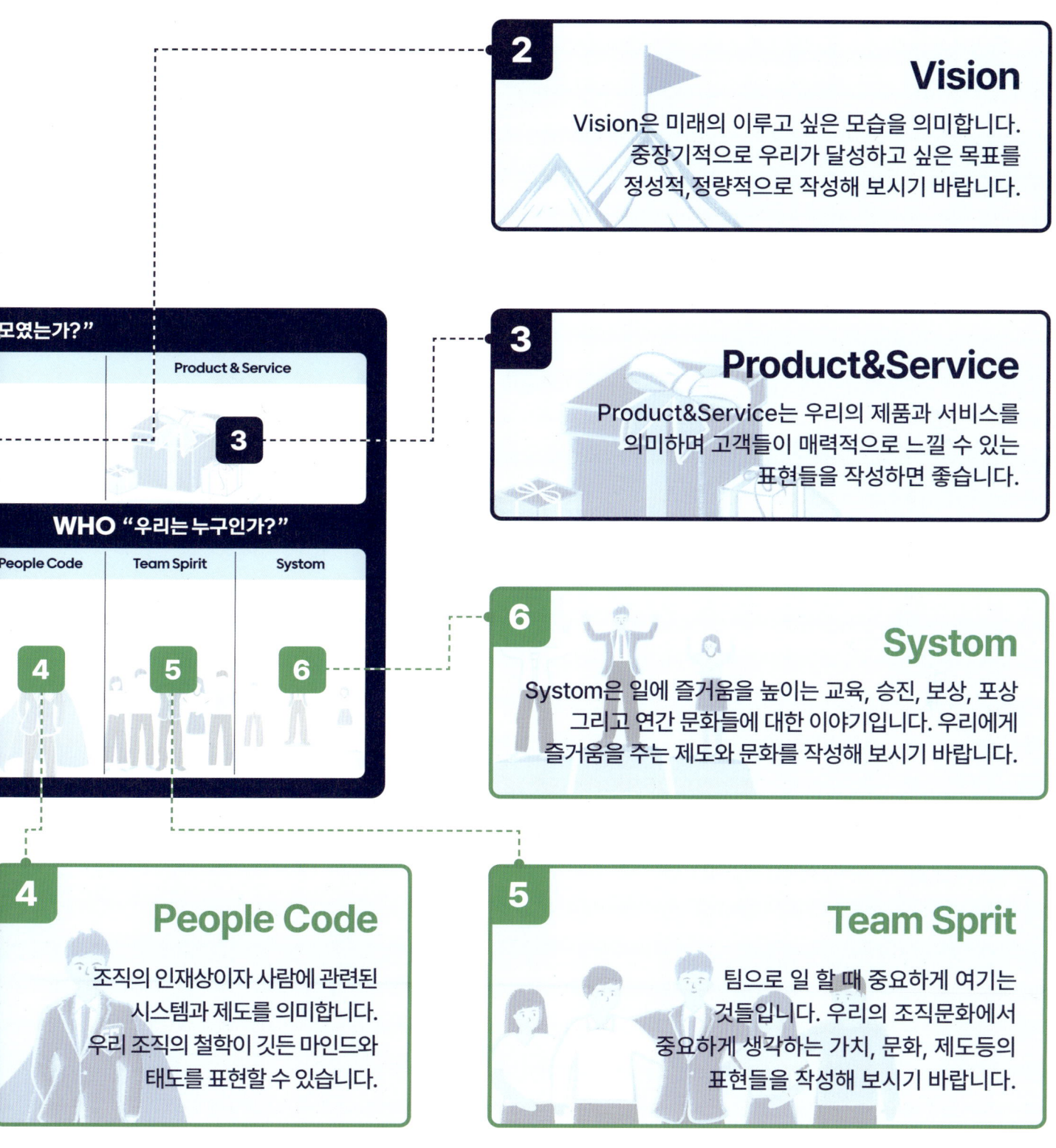

2 Vision

Vision은 미래의 이루고 싶은 모습을 의미합니다. 중장기적으로 우리가 달성하고 싶은 목표를 정성적, 정량적으로 작성해 보시기 바랍니다.

3 Product&Service

Product&Service는 우리의 제품과 서비스를 의미하며 고객들이 매력적으로 느낄 수 있는 표현들을 작성하면 좋습니다.

6 Systom

Systom은 일에 즐거움을 높이는 교육, 승진, 보상, 포상 그리고 연간 문화들에 대한 이야기입니다. 우리에게 즐거움을 주는 제도와 문화를 작성해 보시기 바랍니다.

4 People Code

조직의 인재상이자 사람에 관련된 시스템과 제도를 의미합니다. 우리 조직의 철학이 깃든 마인드와 태도를 표현할 수 있습니다.

5 Team Sprit

팀으로 일 할 때 중요하게 여기는 것들입니다. 우리의 조직문화에서 중요하게 생각하는 가치, 문화, 제도등의 표현들을 작성해 보시기 바랍니다.

컬쳐캔버스

조직명

WHY "우리

Mission

HOW "우리는 어떻게 일하는가?"

Work Way

Infra Deck

Priority

The Power of Organizational Culture Culture Canvas Work Book

작성일　　　　　작성자

조직문화의 힘, 컬쳐캔버스 워크북

왜 모였는가?

n | Product & Service

WHO "우리는 누구인가?"

People Code	Team Spirit	Systom

조직문화의 힘, 컬쳐캔버스 워크북

사례 ❶ 컨설팅회사

WHY "우리

Mission
경영자를 도와 비즈니스에 사랑이 넘치게 하자

모든 사
한 번 이상
❶ 30만명의 캠퍼스 회
❷ 3천명의 성장클럽 호
❸ 3백명의 동료

HOW "우리는 어떻게 일하는가?"

Work Way	Infra Deck	Priority
❶ 가인지에서 일 잘하는 사람 되기 (합정동의 원칙, 디브리핑 등) ❷ 가인지 고시 ❸ 사내 용어 설명 ❹ 결제 방식과 비용 사용 원칙 ❺ 하열사데이와 로빈컨버스	❶ 업무와 소통을 위한 툴 (플로우, 구글 캘린더) ❷ 하고라 영상관 ❸ 필독서 시스템 ❹ 업무 공간과 공간 매니저	❶ 장애인과 약자를 위한 우선순위 ❷ 우리가 말하는 사랑이란 무엇인가 ❸ 파트너십 체결 기관과 인증 ❹ 보안과 대외 노출 원칙 ❺ 법정 의무 사항과 고용 관련 정부 지원 프로그램

강조점 기업 내부적으로 사용하는 우리만의 언어와
일하는 방식을 표현해주고 있다.

Part 1-3
Example of Culture Canvas

강조점 중장기적 비전 한 문장과 함께 눈에 보이는 결과지표 5가지로 Vision을 표현하고 있다.

"래 모였는가?"

	Product & Service
하루에 지를 전하자 ④ 조직문화 단행본 출간 ⑤ 본사 설립	① 경영자를 위한 영상/자료 ② 무제한 구독 서비스 가인지캠퍼스 ③ 가인지 경영자를 위한 오프라인 모임 ④ 가인지 성장클럽 ⑤ 언더백 기업 경영자를 위한 오픈 교육

WHO "우리는 누구인가?"

People Code	Team Spirit	Systom
① 신지정사영 성장맵 ② 우리의 고객은 어떤 사람들인가 ③ 역대 가인지 어워드 수상자들 ④ 조직의 핵심 리더십들 소개	① 7대 핵심가치 ② 가인지 5대 문화 ③ 플랙스 문화 ④ 목장 모임 ⑤ 사랑의 피드백 제도	① 일하는 방식 자체의 즐거움 ② 다양한 역할과 지식에 따른 다양한 수당 ③ 승진 시스템 ④ 근무 시간, 휴일 휴게 시간, 휴가 정책 ⑤ 스톡옵션

강조점 기업의 핵심가치와 함께 가치가 녹여진 문화와 제도들을 표현하고 있다.

조직문화의 힘, 컬쳐캔버스 워크북

사례 ❷ 유통회사

WHY "우리

Mission

브랜드에 행복을 더하는 회사가 되자

(진정성을 가진 브랜드로 새로운 감동을 선사한다)

동종업계 위
❶ 매출
❷ 메이
❸ 사내

HOW "우리는 어떻게 일하는가?"

Work Way

❶ [커뮤니케이션]
두괄식과 알맹이 소통을 사용합니다.

❷ [회의문화]
감사로 시작해 칭찬으로 마무리 합니다.

❸ [의사결정]
우리의 작고 큰 의사결정은 핵심가치에 기반하여 결정합니다.

Infra Deck

❶ 업무와 소통을 위한 툴
(플로우,구글 캘린더)

❷ 협력사 정보 및 파트너

❸ 도서구입 시스템

Priority

❶ ESG
❷ 약자 지원 정책
❸ 법정 의무사항
❹ 대외적 정책

강조점 기업 내부의 우선순위로 강조하고 싶은 내용들을 순서대로 표현해두었다.

Part 1-3
Example of Culture Canvas

강조점 기업의 상품을 경쟁력있게 표현하고 있다.

Product & Service

1. 품질 인증 피부미용 상품 30여종
2. 당일 배송 시스템
3. 친환경 공간설계 & 인테리어

왜 모였는가?"

회사 1위
500억
랜드 3개
5개

WHO "우리는 누구인가?"

People Code
1. 우리의 인재상
2. 인재 사례 스토리
3. 핵심가치 수상자

Team Spirit
1. 5가지 핵심가치
2. 도전 성장 Day
3. 타운홀 미팅

Systom
1. 사내벤처 지원시스템
2. 특별 포상 문화
3. 특별 휴가제도
4. 핵심가치 어워드

강조점 People Code에 인재상 뿐 아니라 인재 사례 스토리를 표현해 고객들에게 자연스럽게 인재상의 모습을 상황으로 보여주고 있다.

사례 3 제조회사

WHY "우리

Mission	W
건강한 김치를 통해 건강한 행복과 감동을 선물한다.	남녀노소 누구나 ❶ 연매출 300억 ❷ 구성원 150명 ❸ 브랜딩 제품 5종, 서브 제품 20여종

HOW "우리는 어떻게 일하는가?"

Work Way	Infra Deck	Priority
❶ 주간 스프린트 미팅 ❷ 월간 부스팅 미팅 ❸ OKR 파티 ❹ 지식리스트 ❺ 1:1 골든미팅	❶ 10명의 협력코치 ❷ 5곳의 파트너사 ❸ 업무 툴: 플로우, 구글 드라이브, 네이버 카페	❶ 사랑으로 일하는 것은 무엇인가 ❷ 구성원의 안전을 위한 정책 ❸ 대외적 인증, 평가, 수상

강조점 핵심가치인 사랑을 바탕으로 사랑에 대한 정의, 안전 정책, 대외적으로 인증, 평가, 수상 내용을 기록하고 있다.

Part 1-3
Example of Culture Canvas

래 모였는가?"

	Product & Service
먹는 우리의 김치!	① 건강 기능성 인증 김치 20종
④ 해외 5개국 수출	② 유아, 성인, 노인 맞춤별 김치 상품라인
⑤ 마케팅 부설연구소 설립	③ 친환경 김치를 위한 지속적인 연구개발

WHO "우리는 누구인가?"

People Code	Team Spirit	Systom
① 우리가 중요하게 여기는 것	① 3가지 핵심가치 (사랑, 감사, 소통)	① 체조하는 문화
② 우리의 현재 모습	② 연간 문화 캘린더	② 사내 동아리 제도
③ 우리가 달성 할 모습	③ 30%에 시작, 빠르게 피드백하는 문화	③ 승진 레포트 제도
④ 우리가 해야 할 것		④ 교육비용 지원

강조점 People Code에 지향점과 현재, 미래 그리고 실천사항에 대해 기록하고 있다.

조직문화의 힘, 컬쳐캔버스 워크북

Part 2

조직문화의 힘
Culture Canvas
Work Book

문화와 가치에 기반한 조직은
규정과 매뉴얼에 기반한 조직보다
인재의 성장과
변화 적응에 능동적이다

리드 헤이스팅스 넷플릭스 창업자

Culture Canvas 1

Why 우리는 왜 모였는가
Mission

개념 *Concept*

- 우리가 꿈꾸는 세상
- 우리가 해결하고 싶은 것들
- 우리의 미래 모습

질문 *Question*

- 우리가 존재하는 이유는 무엇입니까?
- 회사의 정체성을 한 문장으로 정리하면 무엇입니까?
- 우리가 궁극적으로 달성하고자 하는 것은 무엇입니까?
- 우리는 세상의 어떤 변화를 만들고 싶습니까?
- 우리 조직이 외치는 역동적인 문장은 무엇입니까?

예시 *Example*

"경영자를 도와 비즈니스에 사랑이 넘치게 하자" - 50인 규모 컨설팅회사

"당신의 삶에 아름다운 가치를 입히다" - 15인 규모 패션회사

"브랜드에 행복을 더하는 회사가 되자" - 50인 규모 유통회사

"맛있고 건강한 먹거리로 고객과 직원에게 행복을 전하는 회사" - 120인 규모 식품회사

"농부가 꿈이 되는 회사" - 150인 규모 농업회사

작성

Culture Canvas

2. Vision
Why 우리는 왜 모였는가

개념 Concept

- 우리가 달려온 길
- 우리의 현재 모습
- 우리가 달려갈 길

질문 Question

- 우리가 시작 했을 때의 모습은 무엇입니까?
- 우리의 현재 모습은 어떻습니까?
- 우리가 달성하고자 하는 모습은 무엇입니까?
- 우리의 연혁은 무엇입니까?
- 중장기적인 기업의 목표는 무엇입니까?

예시 Example

기업 설립 (2016년 과거) → 교육 & 컨설팅 고도화(2020년 과거) → 온라인 교육 플랫폼 (2023년 현재) → 지역기반 경영자 커뮤니티 (2025 미래)   - 50인 규모 컨설팅회사

진정성을 가진 브랜드로 새로운 감동을 선사한다 : 연 매출 1,500억, 메이저 브랜드 3개, 사내 벤처 5개
- 3년 후 비전, 50인 규모 제조 유통업

패션 트렌드를 선도하는 NO.1 패션회사 : 연 매출 1,000억, 9층 사옥 설립, 밀라노 컬렉션, 성과급 200%
- 5년 후 비전, 20인 규모 패션회사

작성

Culture Canvas

3
Why 우리는 왜 모였는가
Product & Service

개념 *Concept*

- 우리의 핵심적인 상품이나 서비스
- 우리의 고객과 그들의 반응
- 우리의 차별점과 지향하는 가치

질문 *Question*

- 우리의 제품과 서비스는 무엇입니까?
- 제품과 서비스를 통해 제공하고자 하는 고객가치는 무엇입니까?
- 우리 상품의 경쟁력은 무엇입니까?
- 향후에 개방하고자 하는 제품과 서비스의 방향성은 무엇입니까?

예시 *Example*

- 경영자를 위한 영상/자료 무제한 구독 서비스 (50인 규모 컨설팅회사)
- 학습자와 선생님 지원 APP 서비스 (20인 규모 교육회사)
- 국내 유일 녹용 통합 가공 시스템, 원료와 완제품으로 300여개 제품 제공 (50인 규모 녹용 제조회사)
- 신속하고 정확한 고객의 브랜딩 맞춤 인쇄, 출판 (20인 규모 인쇄,출판회사)
- 120여종의 B to C, B to B 맞춤 만두 (150인 규모 만두 제조업회사)

작성

Culture Canvas 4

Who 우리는 누구인가

People Code

개념 Concept

- 우리의 인재상
- 인재들의 성장 방향성
- 전문성과 리더십
- 합류방식

질문 Question

- 우리가 원하는 인재상은 무엇입니까?
- 우리의 채용 프로세스는 어떻습니까?
- 일할 때 필요한 마음가짐은 무엇입니까?
- 우리는 어떻게 성장하고 기회를 가질 수 있습니까?
- 우리가 지향하는 전문성은 무엇입니까?

예시 Example

우리는 **5개 영역의 전인격 성장**을 중요하게 여깁니다 : 신체적, 지식적, 정서적, 사회적, 영적   - 50인 규모 컨설팅 회사

우리의 **성장 마인드셋 구성 6가지** 요소입니다 : 도전, 성장, 감사, 사랑, 배려, 존중   - 40인 규모 IT회사

우리의 **채용 프로세스는 5단계**입니다 : 서류 – 전화면접 – AI면접 – 실무면접 – 최종면접   - 30인 규모 제조회사

한해를 돌아보며 핵심가치에 적합한 인재에게 상을 줍니다.
: 도전상 (신우현), 소통상 (김현지), 성장상 (이창훈)   - 20인 규모 서비스회사

작성

Culture Canvas 5

Who 우리는 누구인가
Team Spirit

개념 *Concept*

- 팀으로 일할 때 중요하게 여기는 것들
- 회의 문화나 커뮤니케이션 방식
- 업무 환경과 조직도
- 대화 원칙

질문 *Question*

- 팀으로 일할 때 중요한 것은 무엇입니까?
- 회의문화나 커뮤니케이션 방식은 어떠한가?
- 우리만의 일하는 방식은 무엇입니까?
- 우리 팀의 핵심가치는 무엇입니까?
- 우리 팀에는 어떤 제도가 있습니까?

예시 *Example*

- 문제 해결을 위해 책을 읽고 문제를 해결합니다. **- 독서문화** (15인 규모 제조회사)

- 30%에 시작하고 빠르게 피드백 해 가며 고객 가치를 만듭니다. **- 피드백 문화** (50인 규모 컨설팅회사)

- 우리의 핵심 가치는 소통, 도전, 감사 그리고 사랑입니다. **- 핵심가치** (20인 규모 서비스회사)

- 대화를 할 때는 사실 중심으로 말하고 견해를 덧붙이는 원칙이 있습니다. **- 사실 7 : 견해 3 원칙** (50인 규모 IT회사)

작성

Culture Canvas

6

Who 우리는 누구인가

Systom

개념 *Concept*

- 승진과 교육 시스템
- 평가와 보상문화
- 근로조건과 형태
- 연간 문화들

질문 *Question*

- 우리는 어떤 방식으로 평가하고 보상합니까?
- 우리는 어떤 교육과 승진시스템을 가지고 있습니까?
- 우리만의 포상문화는 무엇입니까?
- 우리에게 즐거움을 주는 문화가 있습니까?

예시 *Example*

- 점심을 먹고 오후 1시가 되면 다같이 체조를 합니다.   **- 일하는 즐거움이 있는 회사** (15인 규모 서비스 회사)

- 배우고 싶은 분야가 있다면 회사에서 50% 지원을 해줍니다.   **- 성장을 독려하는 회사** (50인 규모 IT회사)

- 사내 동아리를 만들어 운영할 때 회사에서 70%를 지원해줍니다.   **- 동료와 함께하는 문화** (50인 규모 제조회사)

- 승진 워런티를 받고 승진 레포트를 제출하여 승진에 도전합니다.   **- 승진의 가치를 높이는 회사** (100인 규모 IT회사)

작성

Culture Canvas 7

How 우리는 어떻게 일하는가

Work Way

개념 *Concept*

- 성과규정과 피드백 시스템
- 사내 언어, 용어
- 핵심 지식

질문 *Question*

- 우리는 무엇을 성과로 간주합니까?
- 성과를 내기위한 원칙이나 시스템은 무엇입니까?
- 성과를 내기 위해서 전사적, 부서별 알아야 하는 지식들은 무엇입니까?

예시 *Example*

- 한 주 제대로 된 실행 계획으로 달려보자 **주간 스프린트 미팅** (30인 규모 디자인회사)
- 한 달에 한번 실행 전략과 아이디어를 도출한다. **월간 스프린트 미팅** (40인 규모 유통회사)
- 성과를 마무리 짓고 새롭게 도전한다. **OKR 파티** (50인 규모 녹용 제조회사)
- 금요일 5시30분 피드백 미팅으로 마무리한다. **피드백 미팅** (30인 규모 서비스회사)
- 부서별 지식을 발굴하고 전수 될 수 있도록 공유, 확산한다. **지식리스트** (30인 규모 서비스회사)

작성

Culture Canvas 8

How 우리는 어떻게 일하는가
Infra Deck

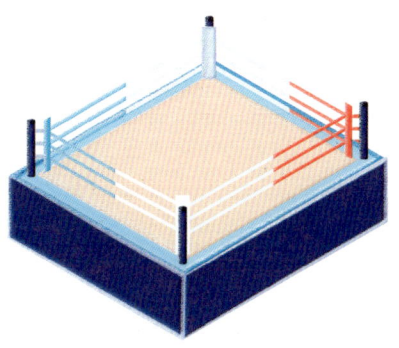

개념 Concept

- **사내 업무 툴**
- **협력사와 파트너**
- **자문&코치**
- **지원 인프라**

질문 Question

- 사내에서 사용하는 업무 툴은 무엇입니까?
- 우리의 협력사와 파트너는 누구입니까?
- 우리의 지원시스템(총무,회계,인사)은 무엇이 있습니까?
- 업무 몰입에 도움을 주는 인프라는 무엇입니까?

예시 Example

- 플로우, 구글드라이브, 네이버카페를 업무툴로 사용합니다. **사내 업무툴** (50인 규모 컨설팅회사)
- 업무성과와 전문성을 위한 도서구매는 무제한으로 가능합니다. **무제한 도서구매 시스템** (50인 규모 IT회사)
- 10명의 협력 코치와 5개의 파트너사와 함께하고 있습니다. **협력&파트너** (100명 서비스회사)
- 행정업무, 시설관리, 자산관리, 문서관리, 회의운영 **총무** (20인 규모 제조업)
- 세무 관련 업무, 재무제표 작성 **회계** (15인 규모 IT업)
- 인사정책 수립, 인사 채용, 정착, 프로세스 관리 **인사** (30인 규모 물류업)

작성

조직문화의 힘, 컬쳐캔버스 워크북

Culture Canvas 9

How 우리는 어떻게 일하는가

Priority

개념 Concept

- 다양성과 우선순위
- ESG Point
- 법정 준수 사항
- 안전

질문 Question

- 국가의 건전한 시민으로서 우리가 중요하게 지키는 정책은 무엇입니까?
- 환경, 노동, 경제, 지역사회와 관련하여 법적의무사항은 무엇입니까?
- 약자에 대한 배려와 지원은 무엇입니까?
- 보안, 안전, 보건에 관한 정책은 무엇입니까?
- 인증, 평가, 수상등 대외적인 정책들은 무엇입니까?

예시 Example

- 세금 납부, 공공 안전, 교육, 선거 참여 **우리기업 4대 의무** (30인 규모 서비스회사)

- 환경규제, 노동법, 산업안전보건법 **법정의무사항** (70인 규모 제조유통회사)

- 장애인 고용, 동등한 권리 보장, 사회복지 시설 지원 **약자 지원정책** (60인 규모 제조회사)

- 정보보호, 재해 대응, 사고 예방, 직장 내 건강과 안전 보호 **보안, 안전, 보건 정책** (40인 규모 IT회사)

- 품질 인증, 국제 인증, 사회공헌 활동 **대외적인 정책** (60인 규모 식품회사)

작성

MEMO

Culture Canvas *Work book*

에필로그

조직문화는
가장 강력한 리더십이다.

우리 조직은 귤을 탱자로 만들어 버리는 조직문화를 가지고 있는가
아니면 탱자도 귤로 만들 수 있는 강력한 문화를 가지고 있는가
그것은 결코 경영자 혼자만의 책임이 아니다.

경영자는 경쟁력 있는 조직문화를 만들고 싶어 한다. 언더백 기업에서 경영자는 조직문화 그 자체이기도 하다. 현장의 다양한 사무실과 직원들을 만나보면 경영자의 행동이나 말투, 혹은 헤어 컬러나 화장법까지 경영자의 스타일로 직원들이 따라 하는 것을 본다. 물론 그들은 그렇다는 것을 인지하지 못하는 경우가 많다. 좋은 생활양식과 성품을 갖춘 경영자는 의도하지 않아도 자신과 유사한 조직문화를 만들어 간다. 조직의 리더도 마찬가지이다. 조직에서 리더의 행동은 그대로 따라 하라는 의도가 반영된 것으로 간주된다. 그래서 조직문화의 중요성을 아는 경영자와 리더는 스스로 본이 되기 위한 노력을 소홀히 하지 않는다.

우리 조직은 귤을 탱자로 만들어 버리는 조직문화를 가지고 있는가 아니면 탱자도 귤로 만들 수 있는 강력한 문화를 가지고 있는가? 그것은 결코 경영자 혼자만의 책임이 아니다. 컬쳐캔버스 워크북은 조직문화를 만드는 구체적인 실행 지도를 제안한 것이다. 우리 주변에는 다양한 조직문화의 영웅들이 존재한다. 어떤 회사는 사내에 수영장을 두었다는 소식도 들리고, 어떤 조직은 스톡옵션을 직원들에게 우선적으로 부여해서 부자로 만들어 주었다는 소식, 평가

제도를 운영하지 않고 연봉도 모두에게 서로 공개한다는 조직, 사무실을 통으로 터서 모두가 보면서 일한다는 조직 등 부러워 보이는 소식들이다. 하지만 전 세계에 수많은 문화가 그들만의 역사와 전통, 혹은 지리적 환경과 가치관에 따라 다르듯이 조직문화도 다양하고 각 기업에 맞게 개발해야 한다.

콘텐츠와 디자인 중심의 기업의 것을 전통산업과 제조업이 그대로 따라 해서는 안 된다. 또한 지역적인 차이, 연령대와 성별, 혹은 경영자의 가치관, 기업의 수익구조틀 등 다양한 적용 변수들이 존재한다. 컬쳐캔버스가 9가지의 조직문화의 영역을 소개하고 각 영역에 대한 구체적인 사례와 질문, 그리고 실행 방법을 제시한 것은 그 모든 것을 다 갖추어야 한다고 말하는 것이 결코 아니다. 그것은 다양한 사례들에 대한 일종의 주소를 밝혀 준 것이다. 이런 영역에서는 이런 방법과 사례가 있으니 참고해 보라는 일종의 훈수다. 훈수는 훈수일 뿐 수를 두는 것은 경영자와 조직의 선택이다.

그럼에도 불구하고 이 책을 통해 제시하는 조직문화 캔버스는 실천적 가치가 있다. MZ 시대로 대변되는 새로운 가치관의 시대에 인재들을 끌어모으고 성과를 거듭하는 기업들의 사례들을 통해서 우리는 어떤 조직문화가 새로운 시대에 맞는 것인지 발견할 수 있다. 내 주변의 경험과 사례를 통해서만 개발해 가는 것이 아니라 보다 넓은 차원에서 다양한 선택지를 제공하는 것이 이 책을 통해서 독자들에게 전달하고자 한 것이다. 이 책을 통해서 전달하는 다양한 사례와 방법을 작은 형태로 시행해 보길 권한다.

틀림없이 적극적으로 수용하고 받아들이는 구성원과 저항하는 구성원들의 역동이 발견될 것이다. 바로 그 지점이 우리 조직의 조직문화를 발전시켜 갈 지점이다.

가인지컨설팅그룹의 성과향상 툴

가인지경영

김경민 지음

대한민국에서 시작하여 세계로 확산하고 있는 유일한 경영 방법론의 실체! 제조업, 유통업, 지식 서비스업의 3,500개 기업 현장을 다니며 현장을 직접 경험한 김경민 대표의 인생 역작이다. 22년간 20여개 국가로 확산하고 있는 가인지경영의 실체를 밝히는 책. 대기업의 경영 방법론에 지친 경영자와 직장인들에게 에너지바와 같은 직접적인 변화의 도구가 될 수 있을 것이다.

OKR 파워

가인지캠퍼스 컨설팅 연구소
김경민, 김수진, 신주은 지음

국내 기업사례가 소개된 최초의 OKR 도서이자 9단계로 정리한 OKR 실전 노하우와 강력한 OKR 실행도구를 제시한다. 평가주의를 뛰어 넘어 도전주의를 향한 성과관리를 원한다면 반드시 읽어야 할 필독서!

OKR 가이드북

가인지캠퍼스 컨설팅 연구소 지음

도전과 성과를 이끄는 OKR 가이드북! 사내 OKR 도입의 A부터 Z까지 OKR 실행 로드맵을 원한다면! 17가지의 OKR 실행 툴킷과 자세한 설명까지! OKR에 관한 모든 것, OKR 가이드북으로 시작해 보는 것을 추천한다.

골든북

가인지캠퍼스 컨설팅 연구소 지음

직원이 수긍할 수 있는 평가 피드백 노트. 강한 평가시스템 구축과 피드백의 골든 타임을 놓치고 싶지 않다면! 직원 스스로 자기의 성과를 돌아보고 관리하며 직원과 경영자 모두 납득이 가능한 종합평가를 하고 싶다면! 골든북으로 해결하자.

일 잘하는 12가지 습관

가인지캠퍼스 컨설팅 연구소 지음

성과관리에 실행근육을 높이는 중요한 힘, 성과습관! 경영컨설턴트들이 현장에서 발굴한 12가지 성과습관을 담았다. 이해를 돕기 위한 사례와 활용방법이 자세하게 작성되어 있다. 실제로 적용해볼 수 있는 적용 토크시트까지! 성과향상을 위해 교육이 필요하다면 일잘하는 12가지 습관으로!

가인지캠퍼스

경영자를 위한 국내 유일 무제한 영상·자료 서비스, 가인지캠퍼스 22년간, 3,500개 기업의 컨설팅 경험을 온라인 콘텐츠화하여 제공한다. 성과향상뿐 아니라 리더십, 조직문화개선, 직급별 교육 등 다양한 교육을 원한다면 가인지캠퍼스에서 마음껏 자료와 영상으로 학습하십시오.

내 손 안의 컨설턴트
가인지캠퍼스
바로 이동하기

조직문화의 힘
컬쳐캔버스 워크북

초판 1쇄 2023년 5월 12일

발 행 일 | 2023년 5월 12일
지 은 이 | 손창훈
디 자 인 | 이현
펴 낸 이 | 김경민
펴 낸 곳 | (주)가인지캠퍼스

출판등록 | 2016년 12월 22일 제2022-000252호
주　　소 | 서울시 마포구 토정로 16 2층 가인지벙커
전　　화 | T. 02) 337-0691
팩　　스 | T. 02) 337-0691
홈페이지 | www.gainge.com
이 메 일 | gainge.cs@gainge.com
I S B N | 979-11-91662-08-5 (13320)

*파본이나 잘못된 책은 구입하신 곳에서 교환해 드립니다.
*이 책의 저작권은 가인지컨설팅그룹에 있습니다.
　이 책 내용의 전부 또는 일부를 재사용하려면 반드시 서면 동의를 받아야 합니다.
*이 도서의 국립중앙도서관 출판예정도서목록(CIP)은
　서지정보유통지원시스템 홈페이지 (http://seoji.nl.go.kr)와
　국가자료공동목록시스템(http://www.nl.go.kr/kolisnet)에서 이용하실 수 있습니다.

값 12,000원